NOTE

SUR LES TOUAREG

ET LEUR PAYS

PAR

M. HENRY DUVEYRIER.

EXTRAIT DU BULLETIN DE LA SOCIÉTÉ DE GÉOGRAPHIE.
(FÉVRIER, 1863.)

PARIS

IMPRIMERIE DE L. MARTINET

RUE MIGNON, 2.

1863

NOTE

SUR LES TOUAREG

ET LEUR PAYS (1).

Messieurs,

Ayant été surpris par une grave maladie à Alger, au retour d'un voyage qui a duré près de trois ans, et me sentant encore sous l'influence de cette crise, je vous demande beaucoup d'indulgence pour la note que je vais lire.

Peut-être ai-je été téméraire en m'engageant à rendre compte dans cette séance annuelle des résultats de mon voyage chez les Touäreg, mais je me sentais lié par la reconnaissance envers la Société de géographie, envers son Président, M. d'Avezac, et son Secrétaire, M. Malte-Brun, pour l'accueil que je reçus en 1859, lorsque je vins exposer à la Société de géographie mon plan d'exploration dans le Sahara.

Pendant toute la durée de mon voyage, je reçus de ces messieurs les marques du plus vif intérêt, et je leur suis redevable de conseils qui m'ont été très utiles. Je prie ces messieurs de recevoir ici mes sincères remercîments.

J'entre en matière.

(1) Cette note a été lue à la séance générale de la Société de géographie du 19 décembre 1862.

Avant de parler des Touāreg et de signaler les faits qui caractérisent leur état comme peuple et comme société, je dois essayer de donner une idée du pays qu'ils habitent et des ressources qu'il offre en minéraux, végétaux et animaux, si peu nombreuses qu'elles soient.

GÉOGRAPHIE PHYSIQUE, OROGRAPHIE ET HYDROGRAPHIE.

Les meilleures cartes de l'Afrique présentaient le Sahara, surtout la partie habitée par les Touāreg, comme une immense région plane, quand M. le docteur Barth, il y a peu d'années, vint y signaler une série de reliefs orographiques : ceux du plateau de Mourzouk, ceux des environs de Rhât et du pays d'Aïr.

Mon exploration, spéciale au pays des Touāreg du Nord, m'a permis de lever plusieurs routes nouvelles, et je me suis efforcé, au moyen de nombreuses et minutieuses informations, de rattacher les reliefs des lieux que je traversais à ceux des contrées voisines. C'est ce qui me permet de combler de nombreuses lacunes.

Pour abréger, je laisse de côté toute la partie du Sahara qui est au nord de la région des Dunes, c'est-à-dire jusqu'à la latitude de Ghadāmès (30° 6′ N.).

Le plateau du Ahaggār (le Hoggār des Arabes) est le point culminant du Sahara depuis la frontière algérienne jusqu'à l'ancien royaume du Haoussa, dans la Nigritie. Ce plateau, traversé par le tropique du Cancer dans sa partie méridionale, n'a encore été reconnu par aucun voyageur européen, et même il n'a été visité que par un très petit nombre de voyageurs arabes.

Le centre du Ahaggār (Atakōr-n-Ahaggār), qui se trouve par 3° 30' de longitude orientale de Paris, est la partie la plus élevée du plateau, et deux pics jumeaux : Ouātellen et Hīkena, le couronnent.

D'après les renseignements que j'ai recueillis, et me basant sur la nature de la végétation, sur la durée des neiges, plus encore que sur les assertions directes des indigènes dont il est bon de se méfier quant à l'exagération, je crois pouvoir assigner une altitude approximative de 2000 mètres aux sommets de ce massif.

L'altitude du Ahaggār, modeste si on la compare à celle des montagnes célèbres de l'Europe, de l'Asie et de l'Amérique, mais considérable pour une région que nous nous figurions plane, est démontrée par trois faits qui, réunis, ont une grande importance pour les géographes.

Par les gouttières d'écoulement de son versant sud, réunies dans le Tāfasāsset, le Ahaggār envoie ses eaux au Niger, et de là au golfe de Benin. — Par celles du versant nord, l'Igharghar le fait communiquer avec le golfe de Gābès par les chotts Melghīgh et Firáoūn, dont la liaison avec la mer existait encore au temps des anciens géographes grecs. — Enfin, de son versant ouest, différentes vallées, lits d'anciens fleuves desséchés, semblent se diriger vers l'ouādi Dráa, qui débouche dans l'Océan, en face des îles Canaries. — Les dunes de sable du désert d'Iguīdi, de formation plus récente, barrent aujourd'hui le passage des eaux de cet ouādi et leur servent de réservoir.

Trois plateaux d'altitude inférieure, dépendances probables du Ahaggār, quoiqu'en étant séparés, prolongent ses assises dans trois directions différentes :

Le Tassīli des Azdjer, au N.-E. ;

Le Mouïdīr, au N.-O. ;

Le Tassīli des Ahaggār, au S.-O.

J'entre dans quelques détails sur ces massifs secondaires.

L'important plateau du Tassīli des Azdjer, de forme allongée, présente une direction générale du S.-E. au N.-O. Son maximum d'altitule sur son rebord méridional, au point culminant d'Adrār, est de 1500 à 1800 mètres environ. Ce point culminant est certainement un soulèvement dû à l'action volcanique, comme le démontrent les scories de lave poreuse que les eaux en détachent et qu'elles charrient dans les vallées jusqu'à la limite nord du plateau, lors des grandes inondations.

A propos de ces indices certains d'action plutonnienne dans l'Adrār, je dirai tout de suite, d'après les Touāreg, qu'on en retrouve de semblables, et même en plus grandes masses, sur les points culminants du Ahaggār, d'où l'on est autorisé à conclure que la formation de ces deux massifs est due, en partie du moins, aux mêmes effets volcaniques.

Cette indication devient plus intéressante encore quand on la met en regard des preuves géologiques de même nature que fournissent les montagnes de la Sōda, du Hāroūdj, et les dépôts de soufre de la grande Syrte, au N.-E. du Fezzān.

La roche dominante du Tassīli des Azdjer, celle dont

il est formé, est un grès à gros grains, noirci à la surface par l'action de l'air sur les particules ferrugineuses qu'il renferme. La présence du fer se révèle d'ailleurs à l'état de minerai sur plusieurs points dans le voisinage du Tassīli.

Ce plateau semble finir à l'Est avec la vallée de Rhāt, mais il se prolonge au sud de cette ville jusqu'à Eguerī, où M. le docteur Barth l'a quitté en se rendant au Soūdān. Dans le N.-E., il reparaît pour former le plateau de Mourzouk, dont le bord septentrional, que j'ai longé pendant plusieurs jours en me rendant dans l'Ouādi el Gharbī, prend le nom de Djebel Amsāk.

Toutes les vallées qui descendent du Tassīli par son versant nord, au nombre desquelles je citerai celles de Tikhāmmālt et de Tārāt que j'ai visitées, aboutissent dans une dépression qui longe le pied septentrional de la montagne, sous le nom d'Igharghāren. La pente générale de cette dépression lui donne une inclinaison au N.-O., vers l'ouādi Ighargbar, auquel elle porte, par infiltrations souterraines, le tribut des eaux d'inondation de toutes ces vallées.

Quant au versant nord-est, ses vallées, dont l'ouādi Tīterhsīn est la principale, paraissent aller se perdre dans les sables d'Edeyen, qui forme la limite septentrionale de l'ouādi el Gharbī. Le partage d'eaux entre les vallées du bassin de l'Igharghar et de celui du Fezzān serait alors dans le plateau de Takár-hat (Tassīli), que j'ai traversé entre Tārāt et Tīterhsīn.—Cette question ne laissera plus de doute quand les altitudes des stations de mes routes dans cette région auront été calculées, ce qu'il n'a pas encore été possible de faire jusqu'à présent, faute d'observations barométriques correspondantes sur le littoral.

Le Tassīli des Ahaggār, dépendant du précédent dans le S.-O., n'appelle l'attention du géographe que comme trait d'union entre le massif du Ahaggār et l'Adghagh de Kidāl, patrie montagneuse des Touāreg Aouelimmiden, dont l'ancienne capitale, Tādemekka ou Es-Soūk, est souvent mentionnée comme cité berbère par les géographes arabes du moyen âge.

Je ne fais qu'indiquer l'existence de ce second Tassīli, important dans la géographie physique du Sahara, car les renseignements que j'ai pu recueillir sur ce plateau, si éloigné du centre de mon voyage, se bornent presque à sa délimitation. D'ailleurs, il est inhabité et inhabitable faute d'eau, et les indigènes eux-mêmes n'en connaissent guère que la périphérie.

Le plateau du Mouïdīr, moins considérable que les précédents, est surtout remarquable par son point culminant d'où partent, dans trois directions différentes, trois lits de cours d'eau importants : l'ouādi Rhārīs, qui aboutit par le N.-E. à l'Igharghar; l'ouādi Aká-raba, qui va dans le N.-O. alimenter les oasis du Tidīkelt (au sud du Touāt), et l'ouādi Tirhéjīrt, qui va se perdre à l'ouest dans les sables d'Iguīdi, après avoir fourni des eaux d'infiltration aux puits d'In-Zīza et de Ouāllen, sur les routes de Timbouktou.

Pour terminer cette esquisse orographique, je n'ai plus qu'à mentionner d'autres reliefs moins accentués que les premiers.

1° Le plateau de Tīnghert, sur lequel est bâti Gha-dāmès, plateau de formation calcaire dolomitique qui, commençant au Djebel Nefoūssa dans le N.-E., se prolonge dans l'est jusqu'à la Sōda sous le nom de Hamāda el Homra, et qui s'en va à l'ouest jusque dans le voisinage du Mouïdir et du plateau de Tādemāyt.

2° Le plateau de Tādemāyt, qui longe la limite orientale du Touāt et s'étend à une grande distance dans l'est. Son rebord du S.-O en est le point culminant et prend le nom de Bāten ; il fournit, d'un côté, des eaux au Touāt central et au Tidīkelt, et de l'autre aussi il donne naissance à une grande vallée, l'ouādi Miya, qui, après avoir traversé les dunes, vient se perdre dans la dépression où la race subéthiopienne a créé la belle oasis de Ouarglā, depuis longtemps déchue de la splendeur qu'elle avait acquise sous ses princes indigènes, et qu'elle avait conservée au moyen âge après la conquête berbère.

3° La chaîne d'Anhef, entre le Tassīli et l'Ahaggār, que M. le docteur Barth a traversée à son extrémité orientale. Cette chaîne, à laquelle le savant voyageur donne une altitude de 1500 mètres, est nettement délimitée par deux des principales têtes de l'ouādi Tāfasässet.

Pour ne pas abuser de la patience de mes auditeurs, je renonce à parler des plaines basses qui séparent ces massifs. Je dois cependant une mention spéciale à une vaste dépression comprise entre le Tassīli des Azdjer, la chaîne d'Anhef et le Ahaggār, et au centre de laquelle est la sebkha d'Amadghōr, vaste saline à la fois intéressante au point de vue géographique et au point de vue commercial, mais qui appelle encore l'attention des naturalistes par la présence dans son voisinage des ossements d'un grand mammifère fossile dont il importerait de connaître l'espèce. Longtemps exploitée pour le commerce de la Nigritie, à l'époque où Ouargla entretenait des relations commerciales directes avec le Soudān, la saline d'Amadghōr, alors centre d'une grande foire annuelle, pourrait, sous l'influence du gouvernement de l'Algérie, reconquérir son ancienne importance.

Pour abréger, je passe sans transition aux dunes de sable, ce grand accident si caractéristique d'une partie de la région saharienne.

Pendant longtemps, dans la langue des géographes, Sahara a été synonyme de désert de sables. L'étude de cette région, qui a fait tant de progrès dans ces dernières années, a démontré que le Sahara n'était couvert de sables que dans une partie restreinte de son étendue. L'une des cartes à l'appui de la publication de mon exploration donnera, je l'espère, une idée nouvelle de la distribution des sables dans le Sahara. Pour arriver à ce résultat, il a fallu compléter les renseignements déjà acquis sur la matière par mes observations personnelles, et surtout par de nombreuses questions adressées aux indigènes qui connaissent le mieux le Sahara.

Nous sommes maintenant dans la région des sables, qui, commençant dans le N.-E., au sud du Chott Melghīgh et à l'ouest du Djebel Douīrāt, près de la Méditerranée, se prolonge sans interruption jusqu'à l'océan Atlantique, formant une zone immense en longueur, mais peu large relativement à son étendue.

Une zone moins considérable, celle des dunes

d'Edeiyen, dans laquelle on trouve les lacs salés de Mandara, Gabráoun, etc., etc., s'étend dans le Fezzān au nord de l'ouādi el Gharbī.

Deux mots seulement de la production dans le pays des Touāreg.

Minéraux. — L'existence du fer, du sulfure d'antimoine, du sel, de riches dépôts d'alun, de salpêtre et de natron, est la seule constatée parmi les substances minérales exploitables.

Végétaux. — Quoique compris dans la région désertique, le pays des Touāreg offre, grâce à ses montagnes, une variété de végétation assez considérable.

Le chiffre des plantes de mon herbier et de celles que je n'ai pas rapportées, mais dont la présence me paraît constatée par les renseignements des indigènes, s'élève à 263, parmi lesquelles les crucifères, les légumineuses, les tamariscinées, les salsolacées et les graminées occupent le premier rang.

Peu de plantes sont nouvelles pour la science, cependant j'ai rapporté quelques *Acacias*, un *Cadaba* et un *Hyoscyamus* qui sont à déterminer.

L'*Hyoscyamus* est un poison actif pour l'homme et pour les animaux autres que les ruminants. Il se rencontre en assez grand nombre pour avoir donné son nom à des ouādis, comme ceux de *Falezlez* et d'*In-Afahléhlé.*

Parmi les grands végétaux de la contrée, on distingue le *Tamarix ethel,* le *Balanites œgyptiaca,* le *Salvadora persica,* le *Calotropis procera,* plusieurs acacias gommifères.

Un fait de géographie botanique assez important à

constater, est la présence de l'olivier (*Olea europea*) à
Tessāoua, près de Mourzouk, mais surtout celle du
Thuya articulata sur les points culminants du Tassīli des
Azdjer et du Ahaggār, à une soixantaine de kilomètres
au nord du tropique du Cancer. Cet arbre vert, qui
constitue de véritables forêts, y atteint des proportions
gigantesques. Presque toutes les constructions en
charpente et en menuiserie de la ville de Rhāt sont en
bois de thuya. Ce fait, qui à lui seul suffirait pour
faire présumer l'altitude des points où se trouvent ces
forêts, m'a poussé à rapporter en France deux petites
planches de cette essence, afin de faire constater son
identité.

Animaux. — Je me bornerai à énumérer les plus
remarquables et les moins connus.

Parmi les mammifères, un loup, *tirhis*, qui ne sort
pas des parties inaccessibles des montagnes et dont la
férocité est proverbiale chez les Touāreg ; le *tahoūri*,
espèce carnivore voisine de la hyène, mais dont on ne
peut risquer l'identification ; l'onagre ou âne sauvage,
de très belle espèce, qui vit en troupes dans le Tassīli
des Azdjer, autour des lacs de Mīherō ; le guépard, qui
affectionne le séjour dans les dunes ; une sorte de
marmotte du nom d'*'akaokao;* diverses antilopes,
parmi lesquelles on distingue le *mohor,* dont la peau
sert à faire les boucliers ; enfin le zébu ou bœuf à
bosse, dont on voit quelques couples à Rhāt. Le zébu
était avec l'âne la seule bête de somme du Sahara
avant l'introduction du chameau. A Anaï, sur la route
garamantique de Djerma à Agadez, aujourd'hui aban-
donnée faute d'eau, mais dont les sillons restent encore

profondément tracés, des sculptures sur les rochers représentent des zébus traînant des convois de chariots.

L'autruche est le seul oiseau digne d'être cité, et encore est-il rare.

Parmi les reptiles, après la série des vipères céraste, minute, et des jongleurs, se présente, le croirait-on ! le crocodile, qui vit dans les lacs de Mīherö, l'une des sources de l'Igharghar, qui se rendait autrefois à la mer sous le nom de fleuve Triton. L'existence des crocodiles au point où je les signale est certaine. Elle est rendue authentique par les ravages de ces animaux amphibies sur les troupeaux quand ils viennent s'abreuver, et par les blessures que portent quelques Touāreg.

Le seul poisson que j'aie pu rapporter du pays des Touāreg est un silure, que les indigènes disent être électrique.

Parmi les insectes, la classe des coléoptères est seule représentée par un assez grand nombre d'espèces.

De ces détails, sur le milieu dans lequel vivent les Touāreg, je passe à l'examen de leur constitution politique et sociale.

Des Touāreg.

Le peuple que les Arabes appellent Touāreg et qui, lui, se donne le nom d'Imōhagh ; ce peuple à la face voilée, que son costume, sa langue et ses mœurs rendent un objet de curiosité pour les autres nations musulmanes, appartient à la race berbère, parente elle-même des anciens Égyptiens, ce que j'essayerai de démontrer plus tard, en comparant la grammaire et le vocabulaire berbères avec ceux de la langue hiéroglyphique.

Sous le rapport politique, les Touäreg se divisent en quatre grands groupes confédérés qui ont chacun pour patrie et pour foyer de leur indépendance propre, un massif distinct de montagnes :

Le Tassïli pour les Azdjer ;

Le Ahaggär pour les Hoggär ;

L'Azben ou Aïr pour les Kël-Ouï ;

L'Adghagh pour les Aouélimmiden.

Sous le rapport social, les Touäreg de chaque confédération se divisent en trois castes fondamentales :

Les nobles (Ihaggären) ;

Les serfs (Imrhäd) ;

Les esclaves, qui sont des nègres amenés de la Nigritie.

Il resterait encore à mentionner deux divisions des Touäreg qui ne peuvent pas rentrer dans les trois castes fondamentales. Je veux parler des tribus de marabouts *Inislimïn* et d'autres tribus dont le rang est intermédiaire entre l'état de noble et celui de serf, et que j'appellerai les *tributaires*. Autrefois ces tribus menaient une vie sédentaire, et quelques-unes ont conservé cette existence jusqu'à ce jour.

Je dirai quelques mots de chacune de ces castes.

Nobles. — La noblesse touäreg, comme la noblesse chez nous au moyen âge, est une caste militaire. C'est par la force des armes qu'elle s'est créé des priviléges, et c'est par la force des armes, unie à une grande acti-

vité pour veiller à tout ce qui se passe à l'intérieur et
à l'extérieur, qu'elle les maintient encore aujourd'hui.

Sa première fonction dans la société touāreg est la
politique, embrassant la leur propre et celle de leurs
voisins.

En général, les nobles ont un goût prononcé pour
ces réunions où chacun parle à son tour, peut expli-
quer sa politique dans un long discours et faire triom-
pher ses idées contre celles de ses rivaux.

De temps en temps, ils s'occupent d'opérations
d'échanges, soit pour augmenter leurs richesses, soit
pour assurer leurs approvisionnements au moment et
en lieu opportuns.

Propriétaires de chameaux que gardent leurs esclaves, ils conservent les chamelles aux pâturages pour
se nourrir de leur lait, et envoient le reste sur les routes
commerciales de l'intérieur pour faire des transports
de marchandises.

Indépendamment des chameaux, ils possèdent d'autres troupeaux de chèvres et de moutons, et ce sont les
besoins de ces troupeaux qui le plus souvent gou-
vernent leur existence nomade.

Ordinairement, au printemps et en été, ils parcourent
les parties basses du Sahara où la pluie a développé la
végétation. En hiver, ils se retirent volontiers dans les
vallées abritées des montagnes, où ils trouvent des bois
de *Tamarix ethel* et de *Salvadora persica*, qui les
protégent contre le froid et contre l'action des grands
vents.

Cependant, dès que les pâturages commencent à
manquer dans leurs campements habituels, ils n'hé-

sitent pas à sacrifier leurs aises pour le salut de leurs troupeaux, et à abandonner les lieux où ils trouvent un abri pour aller camper dans des contrées plus découvertes, mais où du moins les pâturages sont intacts.

Il n'y a qu'une seule exception à cette règle générale, c'est le cas constaté du danger d'attaque de la part de leurs voisins ; alors, dans chaque confédération, on voit les tribus se réfugier dans les vallées encaissées de leurs montagnes, et plus le danger est sérieux, plus les Touāreg remontent dans le haut des plateaux où les vallées, en se resserrant, rendent plus facile la défense de ces sortes de citadelles.

La surveillance des routes, le protectorat qu'ils doivent à leurs clients, occupent aussi beaucoup les nobles Touāreg, et les obligent souvent à de longues absences loin de leurs familles.

Mais quand ils sont dans leurs campements, leur temps se trouve partagé entre la direction des soins à donner aux troupeaux, aux hommes et à la politique. On ne saurait croire combien d'heures de discussion amène le moindre incident survenu dans le voisinage des chefs.

Aucun noble, homme ou femme, ne se livre au travail manuel, réputé servile parmi eux. Les esclaves nègres pourvoient à tout.

Le temps des femmes, après les soins réclamés par les enfants, dont elles dirigent l'éducation, est consacré à la lecture, à l'écriture, à la broderie, mais surtout à la musique. Chaque soir, elles se réunissent pour se livrer au plaisir de concerts donnés en plein vent et auxquels les hommes assistent en silence. Un instrument à archet appelé *Amzād* en temāhaq, *rebaza* en arabe, et la voix des femmes, sont les seuls instruments de ces concerts.

La noblesse ne danse jamais ; ce divertissement est réservé aux serfs et aux nègres.

Les nobles ont un caractère fier, des manières solennelles, la démarche lente. Sobres de paroles dans les circonstances ordinaires, ils réservent toutes les ressources de leur éloquence pour les réunions officielles. Leur stature est généralement haute, leurs membres maigres, mais musculeux ; leur teint blanc, mais plus ou moins basané par le soleil, suivant le genre de vie menée.

Leurs vêtements consistent en étoffes de coton fabriquées au Soūdān, teintes à l'indigo et lustrées, ce qui, de loin, donne aux Touāreg l'apparence de fantômes noirs. Les chefs seulement, et dans les grandes occasions, portent, par-dessus les vêtements de coton, des burnous de drap rouge, bleu ou noir. Quelquefois, entre le vêtement national, toujours de couleur sombre, et le burnous, aussi de couleur foncée, les plus fashionables portent le *haïk* blanc, en laine, des Arabes.

Les formes de leurs vêtements sont celles de la longue blouse, de l'ancien pantalon gaulois descendant jusqu'à la cheville.

Le voile, *tiguëlmoust*, est une longue bande de coton, également teinte à l'indigo, lustrée au moyen du battage pendant la dessiccation de l'étoffe, et roulée autour de la tête et de la face, de manière à former à la fois un turban, une visière et un voile.

La raison première de cette pratique est incontestablement hygiénique, car les voyageurs étrangers qui traversent le désert adoptent le voile contre la réverbération solaire, la sécheresse de l'atmosphère et l'action pénétrante des sables. Chez les Touāreg, l'usage du *tiguēlmoust* est devenu une seconde nature ; ils ne le quittent jamais, ni pour manger, ni pour dormir, et un homme qui se respecte croirait manquer aux convenances en laissant tomber son voile.

Les femmes nobles portent de longues chemises blanches, et par-dessus de longues blouses bleues attachées au moyen d'une ceinture ; le tout est recouvert à la manière arabe du haïk blanc, qui passe sur la tête en laissant la figure découverte ; car, contrairement à l'usage des autres peuples musulmans, les hommes sont voilés et les femmes ne le sont pas.

La monture de guerre et de voyage du noble touāreg est le dromadaire (*méhari*), qui se distingue facilement du chameau de bât par ses formes élancées et plus nobles. Presque tous les *méhāra* ont le pelage d'un ton clair, blanc ou fauve. Quelques-uns ont des taches noires à la tête.

La selle est attachée en avant de la bosse par une simple courroie en cuir tressé qui passe sous le poitrail du dromadaire. Cette selle est en bois, non rembourrée et ornée de dessins en cuir et en cuivre.

La bride, sans mors, est passée dans la tête de l'animal. Un instrument de métal, qui y est attaché et qui porte sur une des joues, sert à tenir la monture en éveil et à l'exciter à la marche.

Le cavalier, placé sur la selle, croise ses pieds sur le cou du dromadaire. Sa position est celle d'un homme assis.

L'armement du noble comprend : un sabre droit à deux tranchants, un poignard constamment attaché au bras, une longue lance en fer et un grand bouclier carré en peau d'antilope. Les armes à feu sont rares ; cependant les Ifōghas, voisins de l'Algérie, et les Tīn-Alkoum répandus dans le Fezzān, commencent à les adopter, parce qu'ils ont plus de facilités que les autres tribus pour s'en procurer.

L'armement ordinaire des Touāreg implique un certain courage militaire, car pour en faire usage il faut combattre de près, corps à corps. Les Touāreg sont en effet très braves, et l'effroi dont ils sont l'objet en est la preuve.

Toutefois, on serait dans l'erreur si l'on croyait que les Touāreg ne vivent que du butin conquis sur leurs ennemis ou sur les caravanes.

Les nobles, les guerriers par excellence, ont, indépendamment du produit de leurs troupeaux, encore d'autres ressources, qui consistent en droits féodaux perçus sur les serfs et en droits de passage, *rhefer*, payés chaque année par les maisons de commerce dont les caravanes sillonnent les pays touāreg.

Le *rhefer*, que nous pouvons traduire par coutume, droit coutumal, n'est pas une institution arbitraire, spoliatrice ; c'est, au contraire, un droit protecteur pour le commerce, qui le paye et pour celui qui le perçoit la récompense de la sécurité qu'il donne aux routes.

Plus la paix et l'ordre règnent dans une confédération, plus considérable est le revenu que perçoivent les nobles des mains de leurs tributaires, de leurs serfs et de leurs clients voyageurs.

Marabouts. — Les principaux marabouts touāreg prétendent descendre, par le sang de leurs mères, de la famille régnante du Maroc, et par elle ils auraient des droits au titre de chérifs ou descendants du prophète. Cette prétention est légitime; ainsi qu'on le verra plus loin, dans la société targuie, c'est le rang de la mère et non celui du père qui donne à l'enfant sa condition sociale.

Mais les marabouts touāreg sont recommandables à d'autres titres. En leurs personnes sont confondues les attributions du prêtre, du magistrat judiciaire, du maître de l'enseignement public.

Quand de telles fonctions sont héréditaires dans les familles et que ces familles sont à la hauteur de leur mission, leur influence doit être grande et féconde. Je citerai un fait.

En 1826, un martyr de la science, le major Laing, veut aller reconnaître Timbouktou. C'est un marabout targui, le jeune Si O'thmān, qui lui sert de protecteur et de guide entre Ghadāmès et le Touāt, et qui, à In-Sālah, le confie à d'autres indigènes dont la protection ne lui fait pas défaut jusqu'au bout du voyage. Malheureusement, le retour du voyageur ne s'effectue pas dans les mêmes conditions de sécurité, et il succombe sous les coups d'assassins.

Néanmoins, par Si O'thmān, la famille de l'explorateur infortuné a pu connaître les circonstances de sa mort et recueillir quelques épaves de son bagage.

C'est ce même marabout qui m'a conduit au milieu des siens, recommandé aux chefs politiques de son pays et qui, au commencement de cette année, est venu à Paris. Il est le premier targui qui ait vu la France.

Aujourd'hui, ce vieillard justement respecté sert d'intermédiaire à Ghadāmès entre une mission française et les chefs touāreg, pour jeter les bases d'un traité de paix et de commerce en vue de relations plus faciles avec l'Afrique centrale. Une dépêche télégraphique nous a annoncé dernièrement que ce traité venait d'être signé et que Si O'thmān était un des signataires au nom de l'émir Ikhenoūkhen.

N'oublions pas que c'est par le marabout Sidi el Bakkay, de Timbouktou, dont les Touāreg Aouelimmiden reconnaissent la suprématie religieuse, que M. le docteur Barth a été défendu contre le fanatisme du souverain fellatah de Hamd Allāhi, et nous comprendrons que l'esprit de tolérance des marabouts sahariens est la puissance sur laquelle nous devons nous appuyer pour assurer la sécurité des explorateurs.

Tributaires. — Deux mots seulement sur cette classe de Touāreg.

Moyennant de faibles redevances aux nobles, ces tribus jouissent de la même liberté que les nobles eux-mêmes.

Intermédiaires entre la noblesse et les serfs, elles correspondent aux *râïya* des autres sociétés musulmanes. La plupart des tribus touāreg du Fezzān, entre autres les Kēl Tin-Alkoum et les citadins d'El-Bárakat, appartiennent à cette classe.

Les tributaires n'ont rien dans leur costume, dans leur armement, qui les différencie sérieusement des nobles, si ce n'est un peu moins de luxe.

Serfs (lmrhād). — Comme les nobles, les serfs sont

divisés en tribus, presque tous sont blancs, mais il y en a aussi de noirs (mulâtres) qui portent le nom spécial d'Ikelăn.

L'origine du servage est antérieure à l'époque de la conversion des Touāreg à l'islamisme, et les marabouts qui tiennent à honneur de suivre leur religion n'ont pas d'*Imrhād*.

Pour la majorité, l'inféodation a dû être volontaire. Dans les grandes révolutions qu'a subies la nation berbère, plus d'une famille faible a dû spontanément offrir sa liberté aux tribus plus guerrières, comme unique moyen d'échapper aux dangers de toute nature qui la menaçaient. Cependant la tradition conserve la mémoire de quelques tribus réduites au servage par la conquête, notamment de celles qui sont d'origine arabe.

Le serf n'est pas, comme l'esclave, la chose de son maître, il ne peut être vendu sur le marché ni séparé de sa famille ; il a même le droit de posséder des esclaves. Cependant il est transmis par héritage et donné en dot.

Dans la pratique, la douceur des mœurs a beaucoup mitigé la rigidité du droit, et le plus souvent les serfs se bornent à donner annuellement à leurs maîtres quelques agneaux ou chevreaux, un petit chameau et du lait à discrétion pendant toute la durée du printemps. Ceux qui se livrent au commerce ou qui exécutent des transports, donnent de même une partie de leurs bénéfices à leurs seigneurs.

Comme les serfs sont beaucoup plus nombreux que les nobles, ces redevances, minimes pour chaque contribuable, font un total important pour les bénéficiaires.

La plus grande partie des Imrhād ont des territoires qui leur sont assignés. Beaucoup d'entre eux sont sédentaires, habitant des cabanes en roseaux ou en branchages, et se livrant à de petites cultures quand les pluies ont rafraîchi le sol. D'autres, exclusivement pasteurs et nomades, conduisent leurs troupeaux et ceux de leurs maîtres partout où il y a de l'herbe à brouter.

Dans leurs migrations, ceux qui sont nomades suivent certaines règles déterminées par la périodicité des saisons. Ces derniers habitent des tentes en cuir tanné, luxe que n'ont pas toujours leurs maîtres les nobles, car, dans leurs voyages, ces derniers couchent souvent à la belle étoile.

Il n'est pas rare de voir des serfs plus riches que les nobles, jouir de plus de confortable dans leur intérieur et mieux se nourrir. Cela tient à ce que, débarrassés des soucis de la police du pays, de sa défense, ils peuvent consacrer plus de temps aux soins qu'exige la vie de famille. De plus, ils ne se croient pas déshonorés en travaillant. On en trouve qui sont d'habiles artisans. Un forgeron targui a su me fabriquer une clef pour mon chronomètre.

Tous ces détails démontrent que le servage n'est pas bien dur, et ce qui le prouve mieux encore, c'est que les plus riches vont faire le pèlerinage de la Mekke, et reviennent volontairement se placer sous le joug de la servitude.

Les Imrhād ont le caractère plus souple et plus communicatif que leurs maîtres. On les voit rire souvent, tandis que les nobles sont d'un sérieux imperturbable.

A l'exception des serfs, qui habitent continuellement la montagne et qui portent des vêtements de peau tannée de mouton ou de chèvre, le costume est le même que celui des nobles, il est seulement moins luxueux.

Des femmes. — Si, dans la constitution sociale des Touāreg quelque chose surprend l'observateur européen, c'est le rang distingué qu'y occupe la femme et le rôle prépondérant qu'elle y joue.

D'abord elle est l'égale de son mari.

Ensuite elle dispose de sa fortune personnelle, et dans les villes, par l'addition des intérêts au capital, elle arrive à posséder presque toute la richesse. C'est ainsi qu'à Rhāt, une grande partie des maisons, des jardins, des sources, du capital du commerce de la place appartient aux femmes.

Enfin, chez les Touāreg, c'est le rang de la mère et non celui du père qui assigne aux enfants leur position dans la société. Ainsi, pendant que chez nous, il n'y a pas longtemps, le fils d'un bourgeois et d'une marquise naiss..'t sans titre, chez les Touāreg, le fils d'un serf né d'une femme noble est reconnu noble, et le fils d'un noble et d'une femme serve ou esclave, reste serf ou esclave.

De cette loi curieuse découle une autre loi plus exceptionnelle encore : ce n'est pas le fils du chef, du souverain, qui succède à son père; c'est le fils aîné de la sœur aînée du chef qui prend sa place. Ainsi, encore aujourd'hui, à Rhāt, par suite de cette loi de succession, c'est le fils d'un étranger, d'un commerçant du Touāt, mais d'une mère Rhātïa, qui commande en ville, et il ose même quelquefois faire opposition à la volonté des chefs Touāreg.

Mais voici un témoignage encore plus grand qui indique la puissance de la femme. Les Touāreg sont musulmans et l'islamisme autorise la polygamie, cependant les Touāreg sont, sans exception, tous monogames.

L'historien arabe Ebn-Khaldoūn nous apprend que les Touāreg, après avoir embrassé l'islamisme, ont renié quatorze fois la religion nouvelle, d'où leur est venu leur nom arabe de *Touāreg*, c'est-à-dire *apostats*. Inutile de dire que ce nom est rejeté par eux, et qu'ils n'acceptent comme leur étant propre que le titre d'Imōhagh.

En se demandant le motif de si nombreuses apostasies, et en constatant encore aujourd'hui l'interdiction de la polygamie aux Touāreg, n'est-on pas autorisé à conclure que les femmes ont forcé leurs maris, leurs frères et leurs enfants à n'accepter de l'islamisme que ce qui ne les concernait pas ?

En effet, quand, en deçà de la région des dunes de l'E'rg, on voit la femme arabe telle que l'islamisme l'a faite, et, au delà de cette simple barrière de sables, la femme touāreg telle qu'elle a voulu rester, on reconnaît dans cette dernière la femme du christianisme.

La femme touāreg, comme génie conservateur, se révèle à la science par un autre fait intéressant.

Au milieu des révolutions qui ont successivement transporté leurs tribus errantes du désert de Barka dans la Cyrénaïque, l'un des berceaux du christianisme en Afrique, jusqu'aux rives de l'océan Atlan-

tique et jusqu'au Niger, on retrouve encore aujour-
d'hui, chez les femmes touäreg, la tradition de l'écriture
berbère, perdue pour les autres groupes de cette grande
et ancienne famille.

Tandis que dans tous les États barbaresques une
femme sachant lire et écrire est une exception très
rare, presque toutes les femmes touäreg lisent et écrivent le berbère, et quelques-unes lisent et écrivent
aussi l'arabe.

J'ajouterai un détail pour terminer. Généralement
les femmes ne se marient pas avant vingt ans et les
hommes avant vingt-cinq ou trente ans.

La majorité politique, celle qui donne accès dans les
conseils des anciens n'est guère octroyée avant qua-
rante ans, mais aussi faut-il dire que la vieillesse,
avec la conservation des facultés, se prolonge beaucoup
chez les Touäreg, et que l'on rencontre des centenaires
parmi eux.

Il me reste, messieurs, à vous remercier pour l'attention bienveillante que vous avez bien voulu prêter à
cette esquisse du pays des Touäreg et du peuple qui
l'habite. Elle n'est certes pas complète, mais je reste à
la disposition de la Société de géographie pour tous
les renseignements qu'elle pourrait me demander, et
auxquels je répondrais dans une prochaine séance.

Paris. — Imprimerie de L. MARTINET, rue Mignon, 2.

www.ingramcontent.com/pod-product-compliance
Lightning Source LLC
Chambersburg PA
CBHW050806070726
47595CB00015B/2984